Paul Peter Pier Pia Zellin

AF272058

KEIN YOGA
FÜR NIEMAND

NO YOGA
FOR NOBODY

*Alle Einmischungen
der Liga der Leeren
aus dem Jahr* **2022**

Paul Zellin, geb. 6.1.1947 in New York, spielte bis in die 80er-Jahre hinein in San Francisco (Kalifornien) eine wichtige Rolle als weltweit bekannter Guru der späten 60er im Rahmen des Human Potential Movement. Nach der Auflösung seiner Sekte gründete er eine Restaurantkette und lebt heute zurückgezogen in Tamalpais Valley, wo er als 5-Sterne-Koch inkognito neue Gerichte für seine NoYogaFood-Filialen kreiert.

Peter Zellin (Baihu Fāng), born December 6, 1947 in New York. Working as web designer for the LDL group of former gurus. Practising Null Yoga (founded by nephew Pier & niece Pia). Living as a freelance artist (experimental videos and digital photography) at Venice Beach, L.A. (California) since 1975.

Pia & Pier Zellin, geb. 9.9.1974 in Berlin. Als Kinder eines Gurus lernten sie schon früh den *"Zirkus um die Erleuchtung"* in der Spiriszene kennen und wurden gezwungen zu meditieren. 2015 zog Pier zu seiner Zwillingsschwester nach Kapstadt, wo Pia Antiyoga unterrichtet. Seit 2017 pendeln sie zwischen Kapstadt, Berlin, Santa Monica und Bay Area (San Francisco).

Die **"LIGA DER LEEREN" (LDL)** wurde 2014 als anonymes Netzwerk ehemaliger Gurus ins Leben gerufen, um die Spiriszene satirisch zu analysieren und daraus eine nachhaltige Vision *"erleuchteter Menschlichkeit"* abzuleiten...

ORIGINALAUSGABE 2022

2. Auflage ab Februar 2023: korrigiert und um 8 Seiten ergänzt UND DAMIT JETZT VOLLSTÄNDIG!

ISBN: 9783756886999
© Herstellung und Verlag: BoD - Books on Demand, Norderstedt, Germany

Seitdem unser Spirisatire-Projekt im Herbst 2014 mit dem 1.Manifest im ehemaligen Magazin *connection spirit* (Hrsg. Wolf Sugata Schneider) begann, erschienen im Laufe der Jahre 8 Bücher, darunter bereits als Klassiker geltende wie **NULLYOGA**, ungewollte Bestseller (dank der Werbung durch Gurus) wie **NULL THERAPIE** und für unsere internationalen Leser das englische Heft **ZERO MEDITATION**. Das 9. Buch der Liga der Leeren enthält alle Einmischungen von 2022, die auch online unter dem Headliner *DEEPFAKE* zu finden sind. Im Juni 2022 gewann unser **N.A.Z.I.-BRANDBRIEF** den 1.Nahbellnebenpreis *"für den unerwarteten Essay"* (poesiepreis.de), dessen politische Dimension unserer nondual-transspirituellen Haltung im vorliegenden Buch **KEIN YOGA FÜR NIEMAND – NO YOGA FOR NOBODY** fortgesetzt und ausgeweitet wird...

Viel Vergnügen bei der Lektüre und ein fröhliches Aufwachen!

Deine Dich liebende LDL

www.URRUHE.de
www.NULLYOGA.de

"Es hat keinen Sinn weiterzuleben, wenn man nicht von der Voraussetzung ausgeht, dass die Grundsituation des Lebens optimal ist, dass wir uns – wirklich und wahrhaftig – allesamt in einem Zustand der Seligkeit und Wonne befinden. (...) Da du jetzt aber dies hier liest und irgendwie auf der Suche bist, gehe ich davon aus, dass du dabei bist aufzuwachen. Oder vielleicht kokettierst und flirtest du nur mit der Idee aufzuwachen, ohne dass es dir ernst damit ist. Oder vielleicht meinst du es zwar nicht ernst, bist aber aufrichtig *bereit zu erwachen. Sollte dies der Fall sein – dass du wirklich auf dem Weg des Erwachens bist und dabei herauszufinden, wer du wirklich bist –, dann wirst du einem Ensemblemitglied namens* Guru *begegnen. (...) Natürlich sind Gurus Schelme. Sie haben alle möglichen Tricks auf Lager. Und die Tricks dienen dazu, dich in die Mangel zu nehmen, denn du wirst nicht aufwachen, wenn du nicht das Gefühl hast, dass es dich etwas gekostet hat. (...) das Gefühl, es zu verdienen, und dieses Gefühl hast du erst dann, wenn dein Weg steinig ist."*

Alan Watts:
The Nature of Consciousness
(in: Out of Your Mind, 2017)

ESSENZIELL

Manche, die noch unter der Kontrolle ihres Ichs leiden, benutzen gerne kurze Erläuterungen als mantrisch-meditative Gedächtnisstütze, wenn eine Psychose droht oder gar Suizidgedanken auftauchen. **Mögen unsere Texte Euch helfen, dem ICH keine Macht über Euer SEIN zu geben!** In Liebe, Respekt und der nötigen schaurigen Ehrfurcht vor der lächerlichen Illusion, die sich die Menschheit seit Jahrtausenden antut – GIB NICHT AUF, MEIN FREUND, GIB NUR DEIN ICH AUF, ALLES ANDERE IST ABSOLUT* WAHR!

*absolut wahr ist leider auch Deine Fähigkeit, ein Ich zu haben und Dich davon kontrollieren zu lassen. Nichts geschieht "scheinbar" – **alles Scheinbare ist genau so absolut wahr als solches "Scheinbare" wie das leere "Sein an sich"** und kann zerstörerische Kraft entwickeln, sogar Kriege entfachen, das Klima beeinflussen und die ganze Welt in den Abgrund reißen! Aber die Sterne speichern auch diese Information nicht, denn ES KÜMMERT SIE NICHT: sie sind nur das, was sie sind: Sterne!

Wir danken
einer unbekannten LDL-Leserin für ihre Email-Fragen:

"Ist das Vorhandensein eines Ich-Gefühls ein Zeichen dafür, dass ein Ego vorhanden ist oder ist das Ich-Gefühl dem Sein innewohnend? Allumfassendes ICH sozusagen, in dem Bewusstsein, dass es kein Ego-Ich gibt?"

SPIRITUELLER DEEPFAKE: META-ICH ALS SUPER-EGO

Ein (guter) Guru würde zurückfragen: WER fragt das alles? WER denkt sich diese Fragen aus? Wenn Du das weißt, kennst Du den Unterschied zwischen Ego und Ich. Aber das soll ganz und gar nicht geheimnisvoll besserwisserisch klingen, daher ein Zusatz: das *"Gefühl"* ist ein guter Ansatz, der leider meist in den Spiri-, Psycho-, Encounter-, Retreat- und Satsangszenen entweder völlig überbewertet wird (um Selbsterfahrungen in sogenannten *"erweiterten"* Bewusstseinszuständen zu beschreiben) oder total degradiert (als konditionierte Ego-Projektion und Charakterpanzer), weil das EGO mit Gefühlen nicht klar kommt, sie weder auflösen kann noch ihnen glauben mag. Das natürliche Ichgefühl kann (und braucht) allerdings gar nicht *"allumfassend"* zu sein, weil es sich ganz einfach nur auf ALLES bezieht, was JETZT DA ist, d.h. **je größer und weiter der Wahrnehmungshorizont desto unendlicher ist ganz praktisch betrachtet das Ichgefühl.** Es kann sich also rein theoretisch so weit ausdehnen, dass es sich tatsächlich *"ganz eins mit allem"* fühlt, denn das Ich selber IST immer genau DAS, WAS es fühlt. Es ist niemals etwas anderes außerhalb seines direkt fühlbaren Radius im Sinne von *"Wahrnehmbarem"*. Das Ego dagegen will ja gar nichts wahrnehmen, es möchte sich isolieren von allem, in der Hoffnung, irgendwie *"eins mit sich selbst"* zu werden und dann ein großgeschriebenes *"ICH"* zu sein. **Aber WER soll dann die Existenz dieses metaphysisch gesäuberten Super-Egos bemerken?** Du denkst jetzt sehr richtig: wie absurd! Genau, die Katze beißt sich in den eigenen Schwanz – die sich selbst suchenden Schildkröten stehen auf weiteren Schildkröten! Aber woran liegt das? **Das Ego ist eigentlich nur die menschliche Fähigkeit zur Metareflexion, also sein eigenes Sein/Ich zu beobachten, festzustellen, zu wissen: *"Ich bin"*.** Denn: WER sagt zu sich *"ich bin"* ? Eigentlich das Ich selber, aber es benötigt dazu die Sprache, die das Wort Ich benutzt, also in den Spiegel schaut und sich selber erkennt. **Kannst Du Dich OHNE SPIEGEL erkennen, fühlen, wahrnehmen? Ist der Spiegel sogar LEER?** Dann gehörst Du zu den Glücklichen, die einfach nur in sich ruhen und beim in die Sterne schauen spüren: *"ICH BIN DIE STERNE"*, weil das direkt Wahrgenommene zum ausschließlichen Bewusstseinsinhalt wird. Wir bevorzugen daher den Begriff *"SPÜREN"*, um den Rattenschwanz aller Konnotationen des geschichtlich überfrachteten und total inflationierten Wörtchens *"fühlen"* zu vermeiden. Wenn Du *"Dich"* egofrei (also ohne permanente Selbstbespiegelung) spürst, nimmst Du einfach nur ALLES WAHR, was JETZT DA ist. Wenn Du zu Deinem Gesprächspartner aus dieser Haltung heraus *"ich liebe Dich"* sagst, ist der Satz im Grunde ein Pleonasmus; denn **das Ich IST das Du, das es wahrnimmt** und sich zum Bewusstseinsinhalt ausweitet. Dieses erleuchtete Ichgefühl/Dugespür könnte auch genauso gut sagen *"DICH LIEBE DICH"*, da kein Ich außerhalb dieser Formel wohnt. **Der leere Spiegel spiegelt einen leeren Spiegel: da geschieht diese reine Wahrnehmung dessen, WAS IST! Dazu ist keine Person nötig, die sich mit etwas identifiziert – alles befindet sich im unendlichen leeren Flow, sich gegenseitig hervorrufend und bedingend...**

Zen question:

"Whooo needs war?"

Correct answer:

"WHO!"

Der einfache, direkte, erwachte Mensch ist ein nichtdenkender Niemand:

HEILIGES WISSEN ALS SOFTPORNO SPIRITUELLER SUCHER

Vom Schüler über die Meisterschaft zum Menschsein danach: Solange jemand Fragen stellt, werden Antworten gesucht. Solange sich jemand *"eins mit allem"* fühlt, wird das Ganze als eine einzige letzte große Antwort erfahren. **Aber erst wenn niemand mehr denkt, lösen sich alle Fragen mitsamt der erleuchteten Antworten auf und der einfache, direkte, erwachte Mensch beginnt zu leben.** Triffst Du einen solchen Nichtdenkenden, spürst Du pure Liebe, aber niemanden, der liebt. Das *"heilige Wissen"* ist der spirituelle Softporno für Schüler, verkauft von notgeilen Meistern. Der erwachte Mensch dagegen erkennt sein eigenes Gesicht im Spiegel herabfallender Regentropfen und sagt dazu *"ich"*, solange es regnet. Später vertreibt die Sonne dieses Ichgefühl. Dann zwitschern nur noch die Vögel ihre wundervollen Melodien unendlicher Leere.

ES SELBST / ITSELF

There is nobody to be awake after the loss of the illusion of the i. As soon as the i doesn't avoid any longer awareness to be itself there is nobody no more trying to be aware. The i thinks this is a paradox but indeed just the i thinking of itself as an i is the paradox!

Es gibt niemanden, der nach dem Verlust der Illusion des Ichs *"wach"* ist. Sobald das Ich nicht mehr verhindert, dass das Bewusstsein es selbst sein kann, versucht niemand mehr, *"bewusst"* zu sein. Das Ich denkt, dass dies ein Paradoxon ist, aber tatsächlich ist gerade das Ich, das von sich selbst als ein Ich denkt, das Paradoxon!

~~~~~~~~~

"Das Ich ist nichts anderes als der Fokus unserer bewussten Aufmerksamkeit. Es ist wie das Radar auf einem Schiff – ein Störungsmelder. Gäbe es keine Augen, um die Welt zu erblicken, wäre die Sonne nicht Licht."

**Alan Watts:
The Nature of Consciousness
(in: Out of Your Mind, 2017)**

Medienhysterie & Desinteresse:
EGO-ENGAGEMENT/EMPATHIE

Dein Ego fragt sich: *"Es ist scheinbar Krieg, aber mich interessieren die Informationsfluten nicht, deren Wahrheitsgehalt ich nicht prüfen kann. Hier und jetzt erfahre ich nur das wunderbare Leben in unmittelbarer Berührung mit mir selbst. Bin ich dadurch ignorant gegenüber dem medial vermittelten Leid der Menschen? Versäume ich, mich zu engagieren, damit der Krieg sich nicht ausweitet?"*

Wie lässt sich ein Ich *"unmittelbar"* betreffen und wie kann es nur *"mittelbar"* betroffen sein? Wo befindet sich das Ich, um *"betroffen"* zu sein, sich also treffen zu lassen (Pfeil trifft Ziel) und wer sagt von sich, was ihn *"betrifft"*, also auch, was ihn nicht betrifft? **Wie und wo zieht das Ich die Grenze, um zwischen unmittelbar und mittelbar zu unterscheiden?** Wo und wie also zieht das Ich einen Kreis um sich und definiert sich dadurch: hier innen im Kreis bin ICH, da draußen außerhalb des Kreises ist die Welt, die mich trifft, berührt etc.?

Es ist immer das separierte Ich, das sein vermeintliches Drumherum irgendwie interpretiert: Das Leben ist nicht *"wunderbar"*.

Das Ego interpretiert es mal als wunderbar, mal als verwundbar. Das Leben selber ist aber nur das Leben.

Solange das Ego noch an sich selbst interessiert ist, erfindet es Fragen über sich und seine Stellung in der Welt, **als könne sich eine illusorische Instanz geographisch und moralisch positionieren** – wie absurd! Die eigentliche Frage lautet: WER (*"ich"*) fragt das alles und meint WEN (*"mich"*)? Findest Du dieses Ich irgendwo, das *"sich selber"* meint? Falls nicht: läuft das grammatische Ich ins Leere. Wer ist *"in Berührung mit sich selbst"* und wie macht das Ich das: sich selbst berühren? Genau: **da ist nichts, weder ein Selbst, das berührt werden kann noch ein Ich, das sich selbst berührt!** Es folgt vielleicht Trauer und Wut über diese schockierende Erkenntnis, aber auch hierbei gilt: es ist nur das Ego selbst, das schockiert ist! Das Desinteresse der Wahrnehmung am Ego gewinnt nun endlich mehr Macht über DEIN SEIN als die psychoiden Strukturen der Sprache, die Dich mit ihren Selbstgesprächen verrückt machen wollen und niemals schweigen werden – das Ego ist eine nie endende Nervensäge!

Es gibt weder Frieden noch Krieg noch die Welt oder ein Hier und Jetzt. Das sind alles nur pauschale Begriffe, die dem vom Fluss (scheinbar) abgespaltenen Ego das abstrakte Gefühl geben, es könne das Meer in einzelne Farbflächen einteilen. Aber sobald sich der Himmel mit seinen vorbeiziehenden Wolkendecken verändert, erscheint das Meer schon in neuen Farben aufgrund der sich permanent ändernden Spiegelung. Das Meer selber ist farblos und unsichtbar wie die Lichtpartikel, bevor sie sich zum Regenbogen brechen. **Alles tanzt umeinander in zeitlosem durchsichtigem Fluss. Dabei zerfallen Atome und neue Moleküle kombinieren sich.** Wenn das Ich meint, *"jetzt"* sei nur *"hier"* und alles andere *"berühre"* nicht *"unmittelbar"*, dann ist der Pfeil noch nicht eins mit dem Ziel: JEMAND spannt noch bedeutungsvoll konzentriert den Bogen und glaubt, *"jetzt"* sagen zu können, als gäbe es hinterm Horizont der Wahrnehmung irgendwann ein geheimes, unberührbares Nichtjetzt (gleich oder gestern?) oder irgendwo ein unerreichbares Nichthier (dort oder drüben?) – aber **NIEMAND kann Pfeile abschießen, die es nur in der *"eigenen"* VORSTELLUNG gibt! Niemand kann Ziele treffen, die es nur in der *"eigenen"* ERFINDUNG gibt! Niemand erfährt *"wunderbares Leben"*, weil das Leben sich lediglich selber ERLEBT.** Die Horizontlinie ist immer nur abhängig vom Radius des kleinen, beschränkten Egos, das selber seine künstlichen Grenzen der Was-ist-"Wahr"-Nehmung zieht!

Wäre Deine Präsenz in der Ukraine, würde Dein Gewehr automatisch schießen, wenn es von einem anderen Gewehr bedroht würde. Dazu bedarf es keines ICHs, das töten WILL (der Deepfake des *"eigenen Willens"*), sondern nur zweier Gewehrläufe, die sich wie programmierte Tiere instinktiv magnetisch anziehen. Das brutale Gemetzel ist eine automatische Form des Molekültanzes, der neue

Strahlungswerte generiert. **Trauer, Schmerz und Verzweiflung sind Konsequenzen der Ichdefinition**, die sich an Gestriges erinnert und mit einem Gleich vergleicht...

Warum die Landschaft LAND schafft und eine Blase nichts enthält, weil sie sonst eine BOMBE wäre...

Solange Du Erleuchtung oder eine Erfahrung des Göttlichen suchst, bist Du meilenweit vom Erwachen entfernt; denn Du bist in Deiner Vorstellung gar nicht da, wo Du wirklich BIST, sondern nur dort, wo Dein Ich meint, suchen zu müssen. **In echt gibt es weder Erleuchtung (!) noch Göttliches (!) und erst recht kein *"ICH"*, das *"erwachen"* muss. Die Wachheit ist einfach das SOSEIN des gesamten Seins, weshalb alles absolut wahr ist.** Daher heisst es im Nullyoga: ALLES IST IDENTISCH – nicht *"mit"* etwas, auch nicht *"mit sich selbst"*, denn da ist kein *"Selbst"*, das von *"sich selbst"* getrennt sei. **Der gesamte spirituelle Zirkus ist ein gigantisches Blabla wie eine hohle Börsenblase, die lautlos platzt, wenn das Sosein kein Ich mehr benötigt, um ES SELBST zu sein.** Natürlich sind auch diese Sätze hier ein idiotisches Blabla, das NIEMAND braucht und

NIEMAND verwerten kann, da **das Lebens-gefühl eines Niemands meilenweit vom Ich entfernt ist, das etwas erfahren oder erkennen möchte, um etwas zu werden oder zu besitzen, was es von seinem eigenen Blabla heilen könnte.** Daher bitten wir Dich inständig, diesen Text unter keinen Umständen zu lesen oder womöglich weiterzuleiten! Dieser Anti-Talk ist eine hundsgemeine, unmoralische, asoziale, religionskritische, respektlose Ohrfeige, deren Klatschen lauter als jede Zenpeitsche zu Tinnitus, Magendarmblutungen und Suizid-gedanken führt! Die einzige frohe Botschaft, die hier vermittelt wird, lautet: es ist nur Dein Ich, das unter dem Klatschen leidet, während sich DEIN SOSEIN gechillt ins Sofa knallt und die Rundheit des Vollmonds bemerkt. Oh ja, der Vollmond ist RUND! Deshalb heißt er auch Vollmond. Genau wie Dein Ich *"ich"* heißt, weil es DAS ICH ist. Das Universum ist voll von diesen wundersamen Objekten, die niemand braucht und deren Namen so eindeutig bezeichnen, wofür sie stehen: Gott, Unendlichkeit, Nichts, Leere, Blume, Bombe, Blase, Grashalm, Erleuchtung — alles Dinge, die Dein SOSEIN noch nie brauchte, um ES SELBST zu sein! **Guru go home! Your show was always just a SHOW — but nobody sitting any longer in the audience, just the sleepy idiot with the camera, hoping to shoot a holy movie without actors! The holy bomb explodes without any destruction because every-thing is empty anyway!**

BELIEVE BUDDHA?

There are really people seriously posting in social media paradoxical slogans like *"BELIEVE BUDDHA!"* – how sleepy spiritual people can be, just incredible indeed! ...und dann gibt es neben den Buddha-Gläubigen noch die Geistheiler, die Deine Ego-Traumata sogar telepathisch heilen können! **Die SPIRIWIRTSCHAFT ist so umfassend wie Dein Bedürfnis, Dein Ego zu füttern** – oder wie sagte bereits Tony Parsons vor 20 Jahren: HIER BEKOMMST DU DAS TEUERSTE NICHTS DER STADT!

HOW IT WORKS

Naturally mind is a mindless awareness of the infinite reality. **It is the so-called ego that believes in itself as a thinker behind all thoughts.** But indeed there is just pure THINKING without any person doing it. This egofree thinking is much more than normal thoughts: **all your sensitivity for BEING PRESENT gets conscious by mind!** Otherwise we would be plants or stones – but we are simply HUMANS! We are capable to realize that mind is aware of everything. YOU ARE THE SELFLESS AWARENESS OF THE INFINITE UNIVERSE. **Don't mind your mind, neither does it – it works, that's it!**

Ken Wilber & Eckhart Tolle: indirekte Kartellbildung?

Ken Wilber & Eckhart Tolle: indirekte Kartellbildung? Nein, nicht nötig, denn eine Hand wäscht sowieso die andere! Theorie & Praxis des Zengestanks – das Parfüm der Erleuchtungsfanatiker! Morgens meditieren mit einer Ecki-CD, mittags reflektieren mit Barbies Lieblingsbuch und abends bei Tony Parsons erleichtert erkennen, warum alles umsonst war... Danach frustriert ins Bettchen rollen und morgens wieder die CD einschmeissen, mittags das nächste Buchkapitel – und abends nochmal Tony fragen, warum es wieder nicht funktioniert hat, obwohl man diesmal beides aus reinem meditativen Selbstzweck ohne heimliche Absicht tat. Ach so, selbst Absichtslosigkeit ist eine Absicht des Egos?! Dann probier's mit unserem Koan: **Du bist der Atmende, oder? Aber ist die Luft in Deiner Lunge Bestandteil Deiner Identität oder der Außenwelt?** Kannst Du Dich mit dem Sauerstoff in Deinem Blut identifizieren? Was müsstest Du alles von Deinem Körper entfernen, um ein unwandelbares Ich freizulegen? **Und wenn Du es tatsächlich findest: wer ist es, von dem es wahrgenommen wird? Bist Du also das leere Selbst oder der erleuchtete Beobachter? Und was bleibt, wenn Du beide entfernst?**

Vorsicht, Fangfragen über Fangfragen...

DAS GROSSE WOCHENENDQUIZ!

Sagt ein Advaita-Lehrer zu einem spirituellen Sucher: *"Ich helfe Dir, den Ursprung zu erkennen und zu Deiner wahren Natur zurück zu finden!"* Antwortet der zukünftige Schüler: *"Wie viel muss ich Dir dafür zahlen?"*

WIE VIELE FEHLER VERSTECKEN SICH IN DIESEM GESPRÄCH? Wer die richtige Anzahl Fehler errät, bekommt ein Heft seiner Wahl aus der LDL-Reihe geschenkt (Kleiner Tipp: die Fehler befinden sich sowohl im Informationsgehalt als auch in der Sprachlogik des Szenejargons)

VON DER TEILNAHME SIND ERWACHTE* AUSGESCHLOSSEN, DÜRFEN ABER FREUNDE BERATEN UND SICH DAS GESCHENK MIT IHNEN TEILEN! (HEFT IN DER MITTE DURCHSCHNEIDEN)

*(DAGEGEN DÜRFEN ERLEUCHTETE, HEILIGE, RUHIGGESTELLTE, GURUS, BEWUSST-SEINSCOACHE, PSYCHOTHERAPEUTEN UND ABZOCKER JEDER IDEOLOGIE MITMACHEN, FALLS SIE SICH TRAUEN!)

Oshos mistake

Sticking to the person as a subject that is occupied with its longing for freedom instead of being simply the EMPTY AWARENESS. Osho was just enlightened, same boring as any guru, but he never woke up – nevertheless some of his students did!

THE RHYTHM OF
ABSOLUTE ABUN-"DANCE"
Confusion tries to count infinity
(inspired by the timeless wonder)

The little misunderstanding by talking about a *"moment of enlightenment"* as a personal experience seems to be a paradox when we say there cannot be such a moment (even in two ways: the illusion of being a person & therefore the fake of an enlightened person!) although we had a totally different life before that big change: **a life of searching with dramatic feelings created by self-invented problems.** But that change was just the loss of the i (that separates life in now, tomorrow, yesterday and you, me and the others) because it counts every step it takes. In the eyes of an i for sure there is indeed a *"before"* awakening but just from that view of an i that unfortunately doesn't exist *"afterwards"*: **the simple infinite complete awareness that fills up consciousness was ALWAYS there, always *"awake"* – but: the ego didn't realize it, that's all!** So it is in some way right to say, yes there was a before, but necessarily the question has to be added as always: for WHOM! Just for an ego that doesn't exist anymore. **That's the funny paradox that it is no real paradox.** There is a famous quote by the german philosopher Hegel saying there does no true paradox at all exist because the so-called paradoxical phenomenons are related to different areas, dimensions, levels that are mixed up. For example ego believes in emptiness as the opposite of abundance. Then it asks itself if its true essence should be more like this or that. **After all wasted efforts (experiences in fields of meditation, muscles, luxury, love and psychotherapy) ego hears about a rumor that truth shall be BOTH or even stranger: NEITHER NOR!** Now the i wants to catch an enlightenment to solve that self-invented paradox but *"after"* realizing that both (emptiness and abundance) are just abstract terms to describe objects and the space inbetween or within, *"after"* that dualistic fake, there is neither emptiness nor abundance but just the infinite flow of energy communicating with itself thru the eyes of all creatures. **This is realized by the self-awareness of existence as an interconnected field that appears as eyes that look and brains that think.**

WILD WISDOM

Wisdom was just the illusion of an ego that cannot see that there is no wisdom neither needed nor possible: **life itself is made out of wisdom and we ARE life. The nature of our species IS freedom itself but the ego believes in separation.** Our species is made of the same stardust as every tree and rock. Longing is the incapability of the ego to understand that there is nothing to reach. Truth is HERE, so close that ego cannot touch it. Everything is made of freedom. Everything is in its own perfect position right NOW. The great fake humanity lives in: believing to be persons and by being a person becoming a *"wise"* person. **But indeed there is neither a person nor wisdom as it is just the illusion of the *"self"* that thinks about being and becoming whatever.** As soon as you look thru that illusion and discover the infinite emptiness as the essence of everything all these thoughts that are produced by a tricky brain believing in its identity get ridicule. Persons are just infinity giving itself names for the pretended drops flowing fast from nowhere to nowhere. **The truth does not consist of drops, it is just WATER without horizon** – a universe that recognizes itself by producing intelligent language that uses words like i and you. However, love happens without language. It is just the basic nature of THIS THIS. René Descartes was boring wrong as he described nothing else but that a butterfly is a butterfly because we call it butterfly. Humanity still sleeps, deeper and different than any matrix movie could betray!

DAS ICH IN SICH SELBST

Nichts geschieht *"scheinbar"* **— alles Scheinbare ist genauso absolut wahr als solches** *"Scheinbare"* **wie das leere** *"Sein an sich"* **— und kann zerstörerische Kraft entwickeln, sogar Kriege entfachen, das Klima beeinflussen und die ganze Welt in den Abgrund reißen!**

"Ganz bei sich selbst ankommen" oder auch *"in sich selbst ruhen"* lauten die Wunschvorstellungen spiritueller Sucher. Dieses *"in sich"* oder *"bei sich"* soll dann noch zusätzlich LEER und UNENDLICH sein, an der Seite Gottes oder gar mit ihm *"eins"*. **Sie behandeln ihr ICH wie eine Komfortzone, deren Tapete sich zwar wechseln lässt und die Mauern abreissbar sind, aber nichts hilft gegen die Einbildung des Ichs, daß es ein** *"Draußen"* **gäbe; denn die Komfortzone IST selber ein Teil der gesamten Ich-Illusion!** Und so zieht das Ich von Haus zu Haus in der Hoffnung, irgendwo gläserne Wände mit lichtdurchfluteten Tapeten zu finden, um sich endlich ERLEUCHTET zu wähnen. Dann sitzt es dort in seinem Tempel, furzt in das kostbare Sofa und winkt die Nachbarn herbei: *"Hallöchen, schaut mal, hier drinnen herrscht die TOTALE FREIHEIT. Gemütlich, bequem, dekadent, luxuriös,*

minimalistisch. Nur das Sofa und ich. Ansonsten leere Zimmer, damit das Licht alle Ecken ausleuchtet. Ach, herrlich. Schaut doch mal zum Kaffee vorbei, ich habe immer Zeit, bei mir ist immer JETZT." Und so lebt das Ich bis zu seinem Tode im selbst erschaffenen Tempel der Freiheit, ohne zu bemerken, dass **all seine esoterischen Vorstellungen auf dem Gefängnis beruhen, das die Befehle erteilt und die Häuser kontrolliert: das Ich selbst!** Als es starb, löste sich das Haus ebenfalls auf. Die Sonne musste nun nichts mehr durchdringen, es gab weder Wände zum Anstrahlen noch Bewohner zum Erleuchten. **Niemand erlebte DIESE ECHTE Freiheit — sie war einfach immer dort, wo kein Ich wohnte. Unendlich und leer von der Leere.** Auch Gott hatte Feierabend. Die Moleküle der Elemente tanzten wild durcheinander, aber sobald jemand hinschaute, wirkte es, als stünden sie regungslos auf der Stelle und meldeten sich beim Namen: *"Hier, Wasserstoff, zur Stelle, Herr General!"* Die Beobachtung der Materie hörte mit dem Tode des Ichs dann auf. Und die SEINSPARTY lief weiter, ohne Partygäste, ohne Musik, ohne Tanzfläche, ohne Getränke, ohne Stimmungsbarometer. Astronomen nannten diese Party aus reiner Verzweiflung *"Big Bang Boom Celebration"*, um zu vertuschen, dass es keinen Urknall gab. Aber auch die Astronomen starben irgendwann aus. Und die Party lief unbemerkt weiter. Kein Stern speicherte diese Information. Und so ist es noch heute ein seltsames Geheimnis, dass die Party immer dort stattfindet, wo DU NICHT bist. Du, der Angekommene, der in sich ruht und verzweifelt den Weg nach Draußen sucht, aber immer nur wieder und wieder bei sich selbst landet.

Kurzform von "DAS ICH IN SICH SELBST"

Wunschvorstellung spiritueller Sucher: Das *"in sich ruhen"* soll LEER und UNENDLICH sein. Sie behandeln ihr ICH wie eine Komfortzone, deren Tapete sich wechseln lässt und die Mauern abreißbar sind, aber die Komfortzone IST selber ein Teil der gesamten Ich-Illusion. Die Hoffnung auf TOTALE FREIHEIT: ein Tempel mit gläsernen Wänden und lichtdurchfluteten Tapeten, um sich endlich ERLEUCHTET zu wähnen, ohne zu bemerken, daß alle Vorstellungen auf dem Gefängnis beruhen, das die Befehle erteilt: das Ich selbst! **Die echte SEINSPARTY findet immer dort statt, wo DU NICHT bist.** Du, der Angekommene, der *"in sich ruht"* und verzweifelt den Weg nach Draußen sucht, aber immer wieder nur bei sich selbst landet.

Slogan aus "DAS ICH IN SICH SELBST"

Das *"in sich ruhen"* soll LEER und UNENDLICH sein, aber diese Komfortzone IST selber ein Teil der gesamten Ich-Illusion. Die SEINSPARTY findet dort statt, wo DU NICHT bist, der Angekommene, der *"in sich ruht"* und verzweifelt den Weg nach Draußen sucht, aber immer nur bei sich selbst landet.

DAS GROSSE "BIN NICHT ICH"

NICHT ICH bin ein erleuchtetes Nicht-Ich
sondern die Ichlosigkeit leuchtet in allem
NICHT ICH habe Gedanken sondern das
Denken denkt gerne in der ersten Person
NICHT ICH rede in einer Sprache sondern die
Mundmuskeln produzieren Schallwellen
NICHT ICH schreibe Gedichte sondern das
Schreiben schreibt in einer gewissen Form
NICHT ICH leide unter Problemen sondern
Das Problem leidet unter sich selbst
NICHT ICH habe Schmerzen sondern der
Schmerz schmerzt an einer Körperstelle
NICHT ICH schaue dich an sondern die
Augen schauen in andere Augenpaare
NICHT ICH fühle die Liebe sondern das
Gefühl fühlt das Lieben der Liebe und
NICHT ICH kann das Universum erklären
sondern das Universum erklärt sich selbst

~~~~~~~~~

"Wellen sind eins mit dem Ozean.
Dein Körper ist eins mit dem
gesamten Energiesystem des
Kosmos. All das bist du."

Alan Watts:
The Nature of Consciousness
(in: Out of Your Mind, 2017)

Enlightenment for Airports

You will not be able to say Om
You will not be able to meditate
You will not be able to love yourself
Enlightenment will bother you
Enlightenment will not show you
People in Nirwana glowing like Buddha
Enlightenment does not
teleport you to God
Enlightenment will not give
your soul sex appeal
Enlightenment will not get rid of neurosis
Religion will not be able
to predict the wonder
There will be no pictures
of paranormal activity
There will be no pictures of Pi
There will be no slow motion
or still lifes of holiness
Liberation will no longer be relevant
Because nobody will be looking
for a brighter day
Enlightenment does not
teleport you to nothingness
There will be no highlight or peak experience
Enlightenment will not be right back
After a message about the divine lightning
Enlightenment will not
go better with candle light
Enlightenment will not cause a deep breath
Enlightenment merges you
with the empty seat
Enlightenment is not repeated
Enlightenment happens live

KONFETTI STATT KOANS

Spirituelle Sucher glauben absurderweise, ICHLOSIGKEIT bedeute, ein solcher Mensch sei dann ein Heiliger, Erleuchteter, Weiser, Meister und Eingeweihter, obwohl immer betont wird, dass dort KEINE PERSON mehr vorgefunden wird, die sich als Person definiert und erfährt. Trotzdem scheint das Bedürfnis nach einer Lehre (statt eigener Leerwerdung) und einem liebenden Lehrer größer zu sein als **der Schock, dass alle Mythen über erweiterte Bewusstseinszustände REIN GAR NICHTS mit dem wahren Erwachen zu tun haben.** Schon die klassischen Zenmeister führten vor, wie ein *"erwachtes"* Leben (also ohne Fragen, weil kein Fragender auffindbar ist) funktioniert: sie schliefen, wenn geschlafen wurde, sie aßen, wenn gegessen wurde, sie dachten, wenn gedacht wurde – sie waren das, was geschah anstatt *"neben sich"* zu stehen und darunter zu leiden, dass das Sein ein Rätsel sei! **Aber ihre Schüler hofften auf eine geheime Botschaft hinter diesem absolut konkreten Alltagsbewusstsein, obwohl NICHTS DAHINTER war.** Alles lag *"auf der Hand"*, so wie auch heutzutage ALLES AUF DER HAND LIEGT. Du verstehst nicht, warum das keine erleuchtete Erkenntnis einer Erleuchtungselite ist, sondern total trivial? Warum unsere Bezeichnung als *"Liga"* ironisch gemeint ist? Warum es keine *"leeren"* Personen gibt, als sei das Erwachen gedankenlos, dement und ein monströses göttliches Nichts

im Kopf, das die sogenannte Seele, die ebenfalls nur der Einbildung des illusionären Ichs
entspringt, mit einer metaphysischen Pseudo-
nondualität vereint? Und warum **die NULL
als Ziel aller paradoxen Koans (wie zum
Beispiel der Spirislogan *"die Wirklich-
keit ist weder eins noch zwei")* nicht
existiert**, darum Nullyoga KEIN Yogastil ist,
sondern ganz einfach null Yoga bedeutet? Um
dir ein praktisches Beispiel für ichloses Ver-
halten zu liefern, das AUCH DU wahrschein-
lich tagtäglich erlebst, ohne zu ahnen, dass
du selbst schon am Ziel angekommen bist,
weil du schon immer in dieser Selbstverständ-
lichkeit ruhst: Wenn du zusammen mit einem
alten, gebrechlichen, schwachen Mensch an
einer schweren Tür ankommst, öffnest du sie
FÜR IHN, hältst sie FÜR IHN auf und lässt ihn
ZUERST hindurch gehen. Du tust das weder
weil du höflich sein willst noch ein neuroti-
sches Helfersyndrom ausleben musst. **DU
tust es GAR NICHT willentlich, sondern
es passiert automatisch,** WEIL du als
Erster am Türknauf bist und als der Stärkere
die Tür schon geöffnet hast, bevor der Andere es überhaupt versucht. Du verlierst keinen
einzigen Gedanken daran, bist einfach *"eins
mit"* dem Flow der Bewegung, der Wechsel-
wirkung aller Beteiligten (so sagt man, obwohl niemand einswerden muss, sondern der
Flow selber IST!) – und wünscht deinem Mit-
mensch noch einen schönen Tag! Prüf es! Du
wirst sehen: **das erwachte automatische
Leben geschieht permanent, ohne dass
du zum erleuchteten Automat mutieren**

musst! Prüf es auch umgekehrt: wenn der gebrechliche, schwache Mensch die Tür VOR dir erreicht und sie DIR aufhält, gehst du genauso automatisch als Erster hindurch, ohne ein schlechtes Gewissen zu haben! Denn die Gegenwart organisiert sich von alleine in genau dieser Art und Weise, wie sie passiert. Wenn du aber ein schlechtes Gewissen *"in dir"* wahrnimmst, weißt du, dass du deinem höflichen, neurotischen ICH immer noch mehr Aufmerksamkeit schenkst als der REALITÄT. Wie machst du das? Indem du dich als Ich empfindest, das sich selber zuhört und mit sich selbst redet. Dadurch entwickelt dieses Ich seinen Wunsch der moralischen Kontrolle über das wirkliche Ereignis und kontrolliert deine pure Anwesenheit. **Deine PURE ANWESENHEIT ist das Geschenk des Lebens, das jedem Molekül eigen ist: jedes Sandkorn, jeder Stern, jede Welle, jeder Fels, jedes Tier, jede Wolke, jeder Panzer, jede Bombe IST ANWESEND. Die Anwesenheit ist das Dasein der gesamten Materie, die wahrgenommen wird, oder richtiger: SICH SELBST wahrnimmt; denn DU BIST die gesamte Materie höchstselbst.** Eine Bombe fliegt nur, weil ein Ich meint, es müsse jemanden töten. Ein Fels steht nur auf der Wiese herum, weil keine Landschaft meint, ihn sprengen zu müssen. Hieran erkennst du sofort den ganz simplen Unterschied zwischen den Leuten, die Panzer fahren, und der Landschaft, die keine Felsen sprengt: die Leute träumen von Krieg, während die Landschaft leuchtet. Verrückt ist daran, dass es auch umgekehrt stimmt; denn die Landschaft hat nach einigen Millionen Jahren den Fels mithilfe ihres Flusses ausgehöhlt und die Panzer dienen in Friedenszeiten als Eigenheim von Obdachlosen. Auch Bomben sind nicht an sich schlecht und schlimm; denn mithilfe von Sprengungen lassen sich Tunnel durch Berge bauen, damit sich Verliebte aus weit entfernten Ländern viel schneller und leichter in die Arme fallen können! **Die Technik kann ein Segen sein und die Natur kann sehr grausam sein. Aber beides ist dieselbe Materie. Beides benötigt kein extra Ego, um zu sein, was es ist.** Eine Bombe kann fliegen wie ein Vogel (aber ein Vogel fällt selten vom Himmel), ein Mensch kann rumstehen wie ein Fels (aber Felsen können normalerweise nicht sprechen). **Alles kann sein, was es gerade IST. Alles ist einfach nur das, was es jetzt gerade IST. Null Yoga nötig. Null Meditation. Null Erleuchtung. Wacher als wach kann das Universum nicht sein!** Wenn die lachenden Soldaten beider Parteien nur noch Konfettibomben regnen lassen, um gemeinsam Karneval zu feiern, und die leidenden Felsen sich wie alte Leute über ihre Abnutzungserscheinungen durch den Fluss unterhalten, dann weißt du, ES IST SO WEIT: die Welt ist wieder im Lot, die Balance wieder hergestellt und wir können aufatmen – alles ganz knapp nochmal gut gegangen, das Leben ist doch kein Alptraum, ab heute dürfen wir es laut sagen: DIE LIEBE

HAT GESIEGT! DIE VISIONÄRE UND MYSTI-KER WAREN DOCH KEINE ESOTERISCHEN SPINNER! DAS UNIVERSUM IST SICH SEINER SELBST BEWUSST GEWORDEN – und feiert den ewigen Frieden mit allen, die ihre Anwesenheit auf der Party bemerken! Niemand wird eingeladen, alle sind sowieso schon da. Dreh die Musik auf und tanz, mein Freund! Die unendliche Tanzfläche bebt unter deinen Füßen, aus entfernten Galaxien erreicht uns die größte Lasershow aller Zeiten: der Sternenhimmel! ES IST PARTY-TIME, LEUTE! FEIERT UND LIEBT EUCH! BERAUSCHT EUCH AN EURER ANWESENHEIT! **Anwesender als anwesend geht nicht.** Ja, es ist wahr, unser aller Krieg ist vorbei, das Sein feiert sich endlich bis in die hintersten Winkel selbst...

∼∼∼∼∼∼∼∼∼

"*Physikalisch und spirituell sind überholte Kategorien. Es ist alles ein Geschehen. Es gibt nicht Stoff einerseits und Form andererseits – es gibt nur Muster. Das Leben ist ein Muster, ein Tanz der Energie. (...) Was du gerade jetzt erfährst – vielleicht nennst du es das gewöhnliche Alltagsbewusstsein –, ist es. Und wenn du das erst erkennst, lachst du dich kaputt. Das ist die große Entdeckung.*"

**Alan Watts:
The Nature of Consciousness
(in: Out of Your Mind, 2017)**

LA BLA BLA BLA BLA BLA BLA
NÖ JA NÖ JA NÖ BLA BLA BLA
LA BLA BLA BLA BLA JA NÖ NÖ NÖ JA
JA BLA BLA NÖ JA BLA JA BLA NÖ NÖ JA
JA NÖ NÖ JA JA JA BLA BLA BLA BLA
BLA BLA BLA BLA BLA JA NÖ JA NÖ JA
NÖ BLA BLA BLA BLA BLA BLA BLA BLA
JA NÖ NÖ NÖ JA JA BLA BLA NÖ JA BLA
JA BLA NÖ NÖ JA JA NÖ NÖ JA JA JA BLA
BLA BLA BLA BLA BLA BLA BLA BLA
NÖ JA NÖ JA NÖ BLA BLA BLA BLA BLA
BLA BLA BLA JA NÖ NÖ NÖ JA
BLA NÖ JA BLA JA BLA NÖ

ALLES IST IDENTISCH – nicht *"mit"* etwas, auch nicht *"mit sich selbst"*, denn da ist kein *"Selbst"*, das von *"sich selbst"* getrennt sei. Der spirituelle Zirkus ist ein Blabla wie eine Börsenblase, die platzt, wenn das Sosein kein Ich mehr benötigt, um ES SELBST zu sein.

IM ANFANG (DER ILLUSION) WAR DAS WORT: DAS OFFENBARE BENÖTIGT KEINE OFFENBARUNG

LESERBRIEF: *"Eure Antwort macht mich zornig! Euer besserwisserisches Geschwafel ist wenig hilfreich und hat wenig Tiefgang. Eure Ausführungen mögen sogar richtig sein, aber wie bitte kommunizierst du in dieser Welt mit dieser Welt? Auch du wirst das Wort ICH benutzen und benutzen müssen! Andernfalls liefest du wie ein Tier durch diese paradoxe Welt, was wirklich schade wäre. Ich frage mich, ob du vielleicht Angst vor dem Leben hast? Wenn wir vom ICH sprechen, ist immer ICH gemeint, da es nur ICH gibt, wenngleich auch nur scheinbar. Das Leben will gelebt werden! Von MIR!!! Und das ist gut so. Von wem denn sonst?"*

Wer und warum sollte Angst vor dem Leben haben? Jedes Bewusstsein IST DAS LEBEN SELBST, egal ob mit oder ohne Ich-Illusion. Das Leben *"will"* nichts, es hat keinen Willen, es LEBT einfach, es geschieht, es kommuniziert mit sich selbst. Auch ein psychotisches, schizophrenes, paradoxes, dualistisches, abgespaltenes Lebensgefühl IST das absolute, freie, willenlose Sein an sich! **Nur das Ich selbst MACHT SICH Angst, durch seine Traumata und Depressivität und entwickelt die zweite Illusion: seinen eigenen Willen.** Aber der MENSCH als fühlender Engel, leidender Gott, denkendes Tier und verzweifeltes Monster braucht sich nicht von seinem triebgesteuerten Ich abhängig zu machen, niemand und nichts braucht Angst vor dem eigenen SEIN zu haben. Auch die Illusion des Ichs (erzeugt vom selbstreferenziellen Bewusstsein durch die Überhöhung der grammatikalischen Satz-Konstruktion!) ist TOTALES SEIN. **Nichts ist *"scheinbar"* oder nur *"Traum"*, sondern ALLES ABSOLUTE REALITÄT ohne Hintertür oder Fluchtweg, auch die Illusion des Ichs ist als Illusion absolut wahr.**

Woher Deine Wut wirklich stammt, magst Du selber am besten wissen, aber die Suche nach einer brauchbaren Definition oder Handhabung des Wortes *"Ich"* im tagtäglichen Umgang mit dem, was die Sinne empfangen, scheint Dich sehr anzutriggern. Das ist wunderbar! Denn: nur dank dieser Wut bleibst Du neugierig und gibst Dich nicht mit hohlen Phrasen und spirituellen Parolen zufrieden, als welche Dir anscheinend unsere Bücher jetzt erscheinen. Das ist grandios! Schmeiß sie weg, verschenk sie an jemanden, der noch am Anfang der Suche steht; denn Du brauchst unser gequirltes Gequatsche nicht mehr, Du hast es durchschaut und Dich für DEINE PERSÖNLICHE ART UND WEISE entschieden, mit einem Ich zu leben. **Wichtig ist nicht irgendein fernes unerreichbares Ziel, sondern das glückliche Einssein mit dem jetzigen Zustand, kongruent, identisch: sein was ist.** Du bist ein Ich? Dann sei Dein Ich! Niemand nimmt es Dir weg! Du selbst hast entschieden, das Leben als Ich zu erleben und es sogar als paradox zu empfinden.

Wir tun das nicht. Wir sehen weder Paradoxie noch Dualität – und wir bemühen uns, dieses Wissen gut genug weiterzureichen wie eine olympische Fackel. Wer das Feuer braucht, übernimmt die Fackel. Wer es nicht braucht, kann fluchen und schimpfen, aber trifft niemanden außer den eigenen Schatten. **Möge Dein Schatten irgendwann leuchten und sich im Licht zersetzen wie ein Vampir, dann kannst Du die Kraft für anderes besser nutzen. Das Ich ist ein Energievampir, es saugt Deine Lebensfreude ab, wenn es sich selbst nicht akzeptieren kann.** Aber zum Glück ist es nur eine Illusion, wenn auch hartnäckig, wie an Deiner Wut zu spüren ist. Disidentifikation ist die Zauberformel, totale Disidentifikation. Das Ich kann sie leider nicht herbeizaubern. Das Ich kann sich nur anfüllen mit allen möglichen Offenbarungen, um sich einzulullen im eigenen esoterischen Geschwätz. Aber das Offenbare geschieht parallel dazu sowieso immer. **Jede einzelne Zelle des Körpers ist das Offenbare, Offensichtliche, jeder Atomkern, jede Leere im Innersten der Quantenstruktur. Keine Offenbarung vonnöten. Überhaupt keine. Erleuchtung ist eine Erfindung des Ichs. Alles leuchtet sowieso.** Leider auch die Bomben, der Schmerz, das Leid und der Untergang: ALLES UNENDLICHES SEIN. Völlig frei von Paradoxie. Beten für den Frieden hilft ebenso wenig wie Bomben. Manche probieren sogar beides: sie beten und werfen dann Bomben. Das ist das Irrenhaus *"Planet Erde"*, in dem sich die Ichs bekämpfen. Die Ichlosigkeit verläuft parallel dazu. Sie steckt in jeder Bombe und in jedem Gebet. **Eliminier die Person aus der Formel, dann siehst Du es ganz klar:** eine Bombe ohne *"willentlichen"* Knopfdruck fliegt nicht. Ein Gebet ohne *"willentlichen"* Friedenswunsch wird nicht gesprochen: **Die Stille und das Schweigen stecken in jeder verfickten Handlung und jeder gefalteten Hand.** DAS ist der einzige Tiefgang, über den wir reden, auch wenn er wenig hilfreich für das Ich ist. Denn das Ich hat damit nichts zu tun.

Mit dem biblischen Satz *"im Anfang war das Wort"* trifft es des Pudels Kern! Die Zivilisationsgeschichte der Menschheit ist in gewisser Weise ein sehr schönes Märchen, ein echtes Wunder der Natur, und doch birgt diese Entwicklung die tragikomische Ebene der Verwechslung von Symbolen und Objekten, also von sprachlichem Zeichencode und tatsächlichen Entitäten. Wir unterhalten uns seit langem mit allen möglichen Forschern, um zu verstehen, wann und warum dieser Horror der **Überhöhung von Wörtern zu metaphysischen Begriffen** (was zu den Kriegen, Morden an sich und aller abergläubischen Grausamkeit führt) begann, aber anscheinend sind sich die Wissenschaftler (Archäologen, Sprachforscher, Historiker, Psychologen, Soziologen etc) nicht einig, haben viele Theorien oder keine. **Außerdem kennen viele professionelle Forscher selber die Ichlosigkeit nicht und stellen darum diese Frage gar nicht, sondern wundern sich über unser Anliegen.**

Wir sind alle gespannt, ob es irgendwann Antworten und ein kollektives Aufwachen geben könnte, nach dem sich alle Esoteriker schon so lange wie besessen sehnen (meist in Form von sektiererisch ichhaften Ideologien). **Leider ist das Aufwachen eine Gnade, ein Zufall, eine Laune der Natur und lässt sich nicht durch *"spirituellen Leistungsdruck"* erreichen.**

Pass einfach auf Dich auf, sei geduldig und hab Dich lieb! Sich Tiefenentspannung, Wellness und Liebe zu gönnen, auch wenn der Kopf verrückt spielt, ist heilsamer, als wütend all die Schatten zu jagen. Das Warten auf Antworten lässt sich gemütlich einrichten statt zwanghaft schmerzvoll. **DU BIST DAS LEBEN! Spür es einfach und chill...**

DIE LEERE RÜCKSEITE
DES LEEREN SPIEGELS

Lass Dich nicht von *"erleuchteten"* Besserwissern verrückt machen, die Dir alles paradox vergraulen wollen! Gegen die esoterische Geheimniskrämerei von scheinheiligen Gurus, die behaupten, alles sei nur *"scheinbar"* und *"das Nichts"* die absolute Wahrheit: solch schizophrener Mindfuck kommt von psychotischen Egos, die glauben, aus einer transzendenten *"leeren Mitte"* heraus wahrzunehmen, mit ihrem komplett dissoziierten Ich, das nach Zen stinkt. **Erwachte Disidentifikation ist das Gegenteil von Dissoziation: nur das ICH redet von metaphysischen Objekten wie dem Nichts oder der leeren Mitte. Wenn der Beobachter selbst verschwindet, gibt es niemanden mehr, der etwas hat. Stattdessen ist nun ALLES DAS ABSOLUTE SEIN.** Hier endet das Märchen von der Paradoxie, das Dir Onkel Zenitou am Lagerfeuer erzählte. **Was bleibt, ist das ganze sich selbst wahrnehmende Sein durch alle Sinne. Kein Sinn benötigt einen *"Sinnstifter"* [eine Person *"hinter"* den Sinnen] — jeder Sinn ist reiner Selbstzweck, sogar das Denken. ALLES IST IDENTISCH!** Niemand braucht Yoga, weil da *"niemand"* mehr ist, der etwas braucht.

NACHWORT

Immer wieder zum Staunen, dass nach so vielen Jahrtausenden Philosophie-Geschichte, Soziologie-Modellen, Psychologie-Theorien und Politik-Ideologien noch immer nicht erkannt wird, **dass sämtliche Ansätze bereits im Kern falsch sind, da sie als innerste Instanz prinzipiell die Illusion des Ichs voraussetzen,** das alles vermeintlich erlebt, erfährt, erfühlt und erdenkt, organisiert und besitzt. Bedauerlich, dass der ununterbrochene Gesellschaftsbetrieb diesen Tunnelblick nicht durchschaut, sondern sich nur neue Variationen der klassischen Idealbegriffe wie Frieden und Freiheit erschafft, um zu behaupten, nun end-lich die Wahrheit gefunden zu haben. Mit dieser Taktik lässt sich zwar Geld verdienen, aber nie-mals das Klima retten; denn immerfort wird es das Ich bleiben, das meint, irgendetwas tun zu müssen, anstatt endlich die Klappe zu halten und die paradiesische Stille in jeder Zelle zu spüren! **Wo niemand ist, kann weder etwas gefunden werden noch braucht etwas gesucht zu werden. Nur wenige Menschen verstehen diese einfache Bot-schaft, die alle spirituellen Hoffnungen zunichte macht.** Mach dich auf harte Zen-peitschenhiebe gefasst! Zieh dein Ego warm an, es wird kosmisch kalt! DAS KLIMA MUSS NICHT GERETTET WERDEN. ES GIBT ANDERE WESEN, DIE BEI HITZE BEWUSSTSEIN ENTWICKELN KÖNNEN. DER PLANET BRAUCHT DIE MENSCH-HEIT NICHT, UM SCHÖN ZU SEIN...

Wenn der Beobachter verschwindet, gibt es niemanden mehr, der etwas hat. Stattdessen ist nun ALLES DAS ABSOLUTE SEIN – ALLES IST IDENTISCH! Niemand braucht Yoga, weil da niemand mehr ist, der etwas braucht.

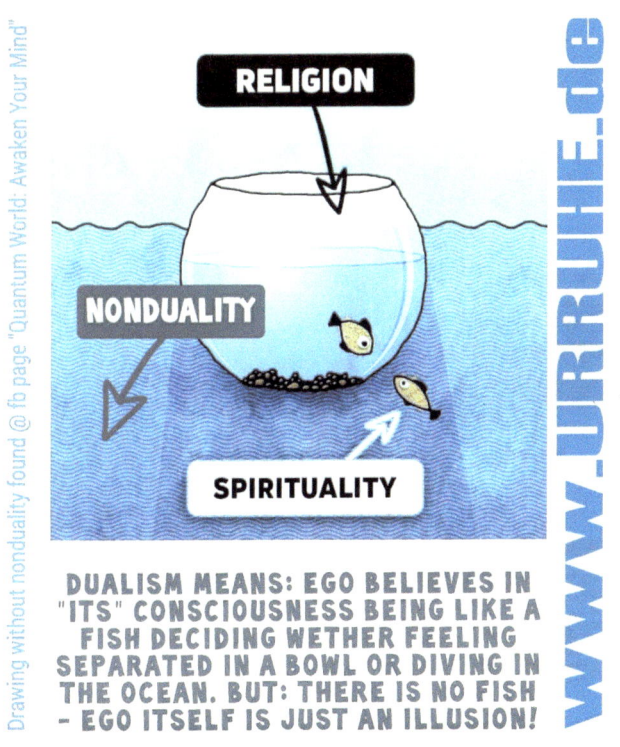

Drawing without nonduality found @ fb page "Quantum World: Awaken Your Mind"

www.URRUHE.de

RELIGION

NONDUALITY

SPIRITUALITY

DUALISM MEANS: EGO BELIEVES IN "ITS" CONSCIOUSNESS BEING LIKE A FISH DECIDING WETHER FEELING SEPARATED IN A BOWL OR DIVING IN THE OCEAN. BUT: THERE IS NO FISH - EGO ITSELF IS JUST AN ILLUSION!

"Es ist so, als würde man versuchen, seine eigenen Augen ohne Zuhilfenahme eines Spiegels zu sehen oder die Farbe eines Spiegels mit den Farben zu beschreiben, die sich im Spiegel reflektieren."

**Alan Watts:
DIE ILLUSION DES ICH (1966)**

"SCHON AUFGEWACHT? ALLES IST IDENTISCH: DAS GANZE LEBEN IST EINE ERLEUCHTETE MEDITATION"

DIE ESSENZ DER LIGA DER LEEREN

NULLYOGA

URRUHE

5 ZITATE AUS DEN MANIFESTEN

JETZT AUF YOUTUBE!

Aus den Büchern @ URYOGA.DE

UNSERE BESTSELLER

NULLYOGA

URRUHE

"DAS GRAS IST GRÜN!" Eine tiefere Wahrheit gibt es nicht. Wenn Du das nicht verkraftest, bleibst Du lebenslänglich ein Opfer der Rattenfänger im Supermarkt der Fastfoodspiritualität. Die Wellness- und Therapie-Industrie profitiert gnadenlos von Deiner Angst, Deiner Verzweiflung und Deinem Glauben an "höhere/tiefere" Antworten auf die absurde Frage nach dem Lebenssinn oder dem Ich. Schau endlich in den Spiegel und siehe da: er ist leer! Kein Gesicht zu erkennen, auch keine Rückseite "hinter" dem Spiegel: nur unendliche Offenheit ohne andere Seite...

9 783744 896030

NULL

THERAPIE

WARUM ALLES ABSOLUT IST

EBOOK MIT DEM PREIS-ESSAY

SPIRITUELLER
N.A.Z.I.

BRANDBRIEF
DER LDL

BoD 2018

In der gesamten Entwicklung der digitalen Bildung wird immer noch nicht genügend erkannt, welche Bedeutung die Auseinandersetzung mit den spirituellen Fundamenten unserer Zivilisation einnimmt. Ein rein technologisches Fortschreiten hin zu einer vollständig virtuell gesteuerten Arbeitswelt wird die Menschen ebenso seelisch zerstören wie es seit Jahrzehnten bereits auf traditionelle Weise geschieht. Die Politik muss auch EXISTENZIELLE LEBENSFRAGEN/RATGEBER in der digitalen Lebenswelt verankern, damit die Menschheit nicht technokratisch verblödet. © URRUHE.de

Dies war das Buch

"KEIN YOGA
FÜR NIEMAND"
(NO YOGA FOR NOBODY)

**Alle Einmischungen
der Liga der Leeren
aus dem Jahr 2022**

Alle Texte online:

www.URRUHE.de
www.NULLYOGA.de

Alle LDL-Bücher/ebooks:

www.URYOGA.de

LDL-Zitate als Videos:

tiktok.com/@nullyoga

Gastbeiträge an:
ligaderleeren@gmail.com